お気らくお手がる着物リメイク

EMI工房 エミ

Contents

A　シンプルタックスカート……p.4 / p.50
B　タックストレートスカート……p.5 / p.52
C　ヨーク切り替えスカート……p.6 / p.54
D-1　シンプルパンツ（ポケットつき・アンクル丈）……p.8 / p.56
D-2　シンプルパンツ（脇接ぎなし・フルレングス）……p.10 / p.58
D-3　シンプルパンツ（ポケットなし・クロップド丈）……p.12 / p.59
E-1　フレンチスリーブブラウス……p.14-17 / p.61
E-2　フレンチスリーブワンピース……p.18 / p.63
F　ノースリーブワンピース……p.20-25 / p.65
G-1　シンプルワンピース（長袖）……p.26 / p.67

G-2　シンプルワンピース（七分袖・裾布アレンジ）……p.28 / p.68
G-3　バルーン袖ブラウス……p.30 / p.70
G-4　ヨーク切り替えブラウス（五分袖）……p.32 / p.72
H-1　カーディガン（レギュラー丈）……p.12-15 / p.74
H-2　カーディガン（ロング丈）……p.34 / p.76
I　ハイネックワンピース……p.36 / p.78

元はこんな着物でした……p.38
着物リメイクの基礎……p.40-49
How to make……p.50

この本に関するご質問はお電話またはWEBで

書名／お気らく お手がる 着物リメイク
本のコード／NV70778　担当／佐伯
Tel. 03-3383-0765（平日13：00～17：00受付）
Webサイト「手づくりタウン」https://www.tezukuritown.com/
※サイト内〈お問い合わせ〉からお入りください。（終日受付）

※本書に掲載の作品を複製して販売（店頭・WEB・イベント・バザー・個人間取引など）、有料レッスンでの使用を含め、金銭の授受が発生する一切の行為を禁止しています。個人で手作りを楽しむためにのみご利用ください。

A シンプルタックスカート

色無地をリメイクしたスカート。光の加減で地模様が浮き出ます。ウエストのサイズ変更も簡単にできます。

● 作り方 50ページ

B タックストレートスカート

ヨークで切り替えて深いタックを入れたスカート。ピッタリでもふんわりでもない、ストレートライン。一見、巻きスカート風にも見えますが、深いタックで足捌き良く、歩いても中が見えません。タックが後ろ中心にくるように着用してもいいです。

● 作り方 52ページ

C ヨーク切り替えスカート（生地違い2種）

切り替えとタックを入れたスカートはポップな柄の銘仙で。ウエスト周りがスッキリし、スカートの広がりを抑えます。直前縫いだけで簡単に作れ、着丈とウエストはお好みのサイズに変更可能です。C-1は1種類、C-2は6種類の銘仙を好みで接ぎ合わせて作りました。色や柄が楽しい銘仙の生地を複数使うと遊び心のある洋服になります。

◉作り方 54ページ

C-2

D-1 シンプルパンツ
（ポケットつき・アンクル丈）

深い藍色の大島紬で製作したシンプルパンツ。遠目には無地に見えるのでコーディネートしやすく重宝します。シンプルパンツは色無地、訪問着、小紋等、どんなお着物で製作しても素敵です。

●作り方 56ページ

D-2 シンプルパンツ（脇接ぎなし・フルレングス）

幅広の兵児帯を使った脇接ぎなしで作れるシンプルパンツ。兵児帯は落ち感があり、細見え効果も抜群です。白シャツと合わせて爽やかに着こなしたり、しなやかな素材のブラウスと合わせると上品なお出掛け着にもなります。

◉作り方 58ページ

D-3 シンプルパンツ
（ポケットなし・クロップド丈）

D-1・2よりもパンツ丈をやや短くし、ポケットは省略してより簡単に。冬はタイツを合わせても、白大島は生地の滑りが良く動きやすいです。H-1カーディガンとセットアップにすれば、よそ行き感のある装いに。

◉作り方 59ページ

E-1

E-1 フレンチスリーブブラウス

袖つけなしで作れる、白大島のフレンチスリーブブラウス。インに白シャツを重ね着してベストとして着用することもできます。

●作り方 61ページ

H-1 カーディガン（レギュラー丈）

着物地のカーディガンは軽い羽織ものとして旅行等にも便利です。ブラウスと共布で作ればツインニット感覚で着用できます。P.34ではロング丈をご紹介しています。

●作り方 74ページ

E-1 フレンチスリーブブラウス（生地違い2種）

年々暑くなる日本の夏に心地よい浴衣地を使用。脇の縫い代を割り、前後差をつけてスリットを入れました。脇の縫い代は割らずに後ろに倒し、裾を三つ折り始末にすれば、より簡単に作れます。

◉ 作り方 61ページ

同じ浴衣地でも生地を変えると雰囲気が変わります。色目を抑えても大きな花柄には目を引く華やさがあります。

E-2 フレンチスリーブワンピース

二の腕が隠れるフレンチスリーブワンピース。シンプルなデザインですが直線断ちではありません。袖つけがなく、この本で紹介するワンピースの中では最も作りやすいので初心者の方にもおすすめです。

◉作り方 63ページ

F ノースリーブワンピース（花柄2種）

小花柄はスカートやワンピースに向いています。P.20・21ともに肉厚の紬を使用。紬は透けにくく、身体のラインを拾いません。全体のボリュームを抑え、スッキリと着心地の良いワンピースです。夏は一枚で、春秋は長T、冬はリブニットなどと合わせて、オールシーズン着用できます。

◉作り方 65ページ

F ノースリーブワンピース
（赤紫銘仙）

赤紫系の銘仙生地を数種使用したワンピース。色のトーンが違う生地を組み合わせると、縦のラインが強調されます。前後の生地を変えるだけでも身体が半分に見えます。

◉作り方 65ページ

F ノースリーブワンピース（紫銘仙）

紫色の銘仙生地を4種使用したワンピース。大胆な十字絣が利いています。型紙が入る幅に生地を接ぎ合わせてから裁断します。

◉作り方 65ページ

G-1 シンプルワンピース（長袖）

多色使いの大島紬をリメイクしたワンピース。柄のお色とインナーや小物の色を合わせると素敵です。大島紬は軽くてツルッと着やすく、解きやすく、縫いやすいのでリメイクに向いています。色褪せや汚れがある場合は生地の裏側が表になるように仕立てます。

◉作り方 67ページ

G-2 シンプルワンピース（七分袖・裾布アレンジ）

G-1ワンピースの袖を七分袖にして、着丈を長くしたもの。着物リメイクでは生地に制限がありますが、裾に生地を足して着丈を確保。裾布にタックを入れることでスリット無しでも足捌き良くなります。

◉作り方 68ページ

G-3 バルーン袖ブラウス

G-1・2のシンプルワンピースの着丈をブラウス丈にして、袖をバルーン袖に変更したもの。脇にスリットを入れているので、ウエストインでもアウトでも様になります。状態の良い羽織と着物のアンサンブルだったので、パンツ、カーディガン、ブラウス2点の計4点作れました。

◉ 作り方 70ページ

G-4 ヨーク切り替えブラウス(五分袖)

刺繍が素敵な訪問着から、P.34のカーディガンと2点セットで作りました。まず、カーディガンを裁断してから残りの生地でブラウスを裁断します。カーディガンの着丈を長めにとったので、残り布でブラウスの着丈を確保するためにヨークで切り替えました。タックとギャザーはどちらか一方でも、両方とも無しでも良いと思います。タックにするとすっきり、ギャザーにすると甘い感じになります。

◉作り方 72ページ

H-2 カーディガン
（ロング丈）

P.32のブラウスとアンサンブルで着られるロングカーディガンです。訪問着らしい吉祥柄の刺繍やしなやかな落ち感で、優しい雰囲気が纏えます。P.12〜15では、白大島で作ったレギュラー丈をご紹介しています。

● 作り方 76ページ

I ハイネックワンピース

G-1ワンピースの着丈を長くし、更に筒状の衿をつけたワンピース。衿の処理が簡単で、衿布の幅もお好みで変更可能です。P.37は兵児帯からのリメイク、P.36は流れるような柄の浴衣地でリゾートっぽい雰囲気のワンピースに仕上げました。兵児帯や浴衣地などの反物からの制作は着丈が自由に変更できます。

◉作り方 78ページ

Before and After
元はこんな着物でした

でき上がった洋服だけを見ていると、元が着物だったとは想像できないものも多いと思います。
今回掲載した作品の Before and After を一部ご紹介しますので、着物選びの参考になさってください。
着物の柄の雰囲気は、そのまま洋服にも残ります。身体にあてて鏡で見てみるのもおすすめです。

After
D-1 シンプルパンツ……p.8

Before
藍大島

上品な光沢とシャリ感がある大島紬は
何を作っても素敵になります。
残り生地でブラウスも作れます。

After
E-2 フレンチスリーブワンピース…p.18

Before
紫銘仙

水玉模様の銘仙は、
ふわりと軽い着心地のワンピースになりました。

After
F ノースリーブワンピース…p.20

Before
花柄紬

ほっこりとした手触りの肉厚の紬は強度があり、
パンツ、スカート、ワンピースに向いています。

After
G-3 バルーン袖ブラウス…p.30

After
E-1 フレンチスリーブブラウス…p.14
H-1 カーディガン（レギュラー丈）…p.12～15

Before
白大島の羽織

Before
白大島の着物

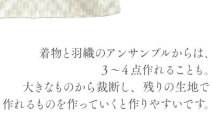

After
D-3 シンプルパンツ…p.12

着物と羽織のアンサンブルからは、
3～4点作れることも。
大きなものから裁断し、残りの生地で
作れるものを作っていくと作りやすいです。

着物リメイクの基礎

着物は、生地幅約36cm、長さ約12〜13mの反物から作られています。
各パーツの縫い合わせ部分をほどくと、元の平らな布（平布）に戻ります。
すべて直線裁ち、直線縫いで仕立てられているため、ほどくのも容易です。
まさに、着物はリメイク向きの素材ともいえます。

着物の各部の名称とほどく順番

着物をほどく際は、
大きなパーツからはずすと扱いやすくなるので、
私は袖→衿→裏地の順にはずしています。
残りのおくみや脇、背中心は順不同でOKですので、
右図の数字は参考程度にご覧ください。

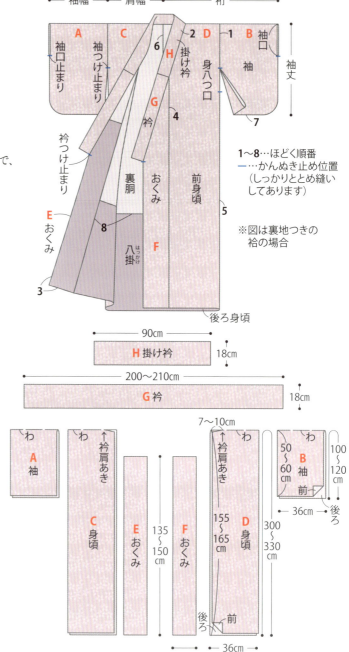

着物の各部の寸法と枚数

着物によって寸法が若干異なりますが、
このように各布の寸法が限定されるため、、
パターンが入る大きさに各布を縫いつないだり、
汚れや傷のある部分を避けたりすると、
同じ柄では布地が足りなくなることも
あるかもしれません。
そんな時は、p.7・22・24の作品のように、
別の着物地との布合わせも楽しんでみてください。

掛け衿…1枚
衿…1枚
身頃…2枚
袖…2枚
おくみ…2枚

● 元の反物　このように切り分けて仕立てられています

基本の用具

工程別に必要な基本の用具をご紹介します

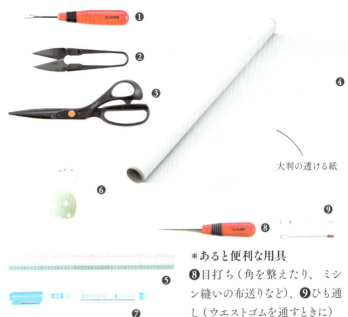

[着物をほどくとき]
糸を切る用具（❶リッパー、❷糸切りばさみ、
❸裁ちばさみなど）

[ほどいた着物地を洗い、布目を整えるとき]
アイロン、アイロン台

[型紙づくり]
❹ハトロン紙、❺定規、鉛筆、紙用のはさみ

[布の裁断]
❻まち針、❼チャコペン、❸裁ちばさみ

[ミシン縫い]
ミシン、ミシン針、ミシン糸、❻まち針、
❷糸切りばさみ、アイロン、アイロン台

＊あると便利な用具
❽目打ち（角を整えたり、ミシン縫いの布送りなど）、❾ひも通し（ウエストゴムを通すときに）

サイズ表記について

巻末付録の実物大型紙は、S・M・Lサイズです。
下記、基準サイズ表と各ページのでき上がり寸法から、ご自分に合ったサイズを選んでください。
でき上がり寸法の着丈は後ろ中心から裾まで、パンツ丈とスカート丈はウエストベルトを含めた脇丈を記載しています。

基準サイズ表 （ヌード寸法）	サイズ	身長	バスト	ウエスト	ヒップ
	S		80	63	88
	M	158～165	86	69	94
	L		92	75	100

※モデルの身長は164cmでMサイズ（作品BのみLサイズ）を着用しています。

作り方の表記について

・作り方の解説中、特に指定のない数字の単位はcmです。
・本書の実物大型紙には縫い代が含まれています。p.45を参照して縫い代つきの実物大型紙を作りましょう。
　実物大型紙のないパーツは、裁ち方図中に寸法が記載されています。
・裁ち方図はMサイズの場合のパターンの配置例です。
　サイズや柄合わせによっては、その通りに裁てない場合がありますので、
　すべてのパターンが入ることを確認してから布を裁断してください。
・縁始末用のバイアス布は、少し長めに記載していますので、余分はカットしてください。
・材料欄のゴムテープの寸法は、縫い代を含む目安の寸法です。ご試着の上、調整してください。
・作り方図中の縫い代の「ロック始末」は、「ロックミシン」または「ジグザグミシン」で縁かがり縫いをしてください。

本書で使用した着物地の種類

着物リメイクを楽しむためには、適した着物の種類を選ぶこと、そして柄選びがとても大切です。
特に、紬、大島紬、浴衣地、銘仙は、扱いやすいので初心者の方にもおすすめです。
また、古典柄は日常着には溶け込みにくいので、色無地や小紋柄からぜひ挑戦してみてください。

紬（つむぎ）A～D

紬糸を先染めして織られた、丈夫で耐久性に優れた絹織物のこと。紬糸は、生糸を引き出せない規格外の繭を煮て糸を紡ぎ出し、撚りをかけて丈夫に仕上げた糸。久米島絣、結城紬、牛首紬などが代表的。表面に凸凹した節が見られる素朴な風合いのもの、しなやかで光沢感があるものなど、産地によってそれぞれ製法や特徴が異なります。

大島紬（おおしまつむぎ）E～G

鹿児島県奄美大島で生産される、着心地も軽やかで光沢感のある上質の絹織物。独自の染色方法と緻密な計算によって生み出される絣模様の繊細な美しさが特徴です。模様は、幾何学模様、花鳥紋様、山水調の伝統紋様など多種多様。世界的にも有名な泥大島のほか、藍大島、色大島、白大島など、色調や柄の多様化も進んでいます。

F：p.12～15・30

浴衣（ゆかた）H～J

主に木綿素材を使った夏向けの着物の一種。柔らかな肌触りと通気性・吸水性に優れ、軽いのが特徴。古典柄、花鳥紋様、モダンな柄など、色・柄・デザインも豊富で、リメイクにおすすめの身近な素材。自宅でのお手入れも簡単です。

K : p.7
L : p.7・22
M : p.24
N : p.6・7
O : p.18・24
P : p.24
Q : p.7・22
R : p.32〜35
S : p.4
T : p.10・37

銘仙（めいせん）K〜Q

軽くて柔らかい平織の絹織物で、鮮やかで大胆な色づかいや個性的なデザインのものが多く、色の境界がにじんでぼやけたような絣模様が特徴です。大正から昭和初期にかけて大流行し、現代でもアンティーク着物ブームが追い風となり、骨董市などでも人気があります。伊勢崎、秩父、足利、八王子、桐生が五大産地とされています。古布銘仙は生地が弱いことが多いので、傷んだ部分は避けて、同系色の数種類をつないでも素敵です。

縮緬（ちりめん）R・S

表面に独特のシボ（凹凸）がある絹織物で、小紋や友禅などの染めの着物地に使われます。上品で高級感のある風合いが特徴です。しなやかで美しいドレープが出るので、色無地や訪問着をブラウスやカーディガン、スカートなどにリメイクするのがおすすめです。

絞り（しぼり）T

染料がしみ込まないように布を絞ったり、板で締めたりして、染め残しで模様を表したもの。生地の表面にできる凸凹や立体感のある柔らかな質感が特徴です。

広げると柄が見えます

← p.10・37の作品には、こちらの男性物の兵児帯を使いました。兵児帯は、大幅（約74センチ）か中幅（約50センチ）で広幅なので、着物幅ではとれないパーツも1枚でとれたりします。洋服にリメイクする際には、洗った後にアイロンでシボを伸ばして使うのがおすすめです。

そのほかに、こんな着物地も…

夏向きの着物地としては、上布（麻）、縮、絽、紗など。3シーズン重宝するものとしては絣（木綿の着物）。秋冬ものにはシルクウールなど。扱いが一部難しいものもありますが、素敵に仕上がります。

43

着物リメイク
手順のおさらい

STEP.1	着物をほどく
STEP.2	ほどいた着物（平布）を洗う
STEP.3	アイロンで形を整える
STEP.4	実物大型紙を作る
STEP.5	布を裁断する
STEP.6	ミシンの準備をする

STEP.1 着物をほどく

［ほどく順番］
決まりはないのですが、大きなパーツからはずしていくと、どんどん軽く扱いやすくなるのでおすすめです。
p.40上の着物の図中に、ほどく順番を数字で入れてありますのでご参照ください。

［糸の切り方］
図1のように、ところどころ縫い糸を切り、糸を引いて抜くようにほどいていきます。新しい着物は縫い目の糸が動くことが多いのですが、古い着物は糸が布に馴染んで動かないので、私は図2のように切れ味の良い裁ちばさみの刃を広げて、カミソリの刃を糸に当てるようにしてカットしています。そのため、包丁研ぎ器を使って、裁ちばさみを常に磨いています。もちろん、リッパーで縫い目を一つ一つ丁寧にほどいてもOKです。

［注意点］
布に穴をあけたり、傷つけないように注意しましょう。

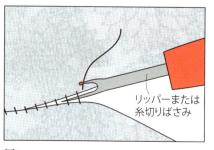

図1

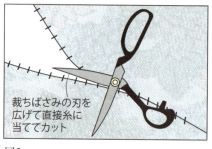

図2

STEP.2 ほどいた着物（平布）を洗う

私は洗濯機に中性洗剤を入れて、洗濯→すすぎ→脱水まで、普通コースで洗っています。洗うと縮んでしまう着物もありますが、洗ってみないと分からないことも多く、もし縮んでしまっても、縮んだもので何が作れるかを考えましょう。紬や銘仙は洗ってもあまり縮みませんが、手描き友禅や大切な着物の場合は風合いが変わってしまう恐れがあるため、おすすめできません。

STEP.3 アイロンで形を整える

洗濯機で洗い、脱水した後は陰干しし、半乾きの状態で布の裏面から高温でドライアイロンをかけて、シワをしっかり伸ばします。裏からアイロンをかけるので、当て布も使いません。

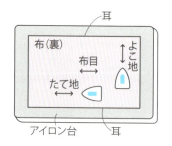

STEP.4 実物大型紙を作る

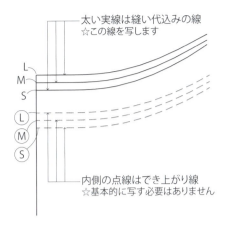

［巻末付録の実物大型紙について］
本書の型紙には縫い代が含まれています。外側の太い線を写して、縫い代つきの型紙を作りましょう。内側の点線はでき上がり線です。基本的に写す必要はありません。でき上がり線を引かずに一定間隔で縫う方法はp.47参照。

［型紙の記号と線種］

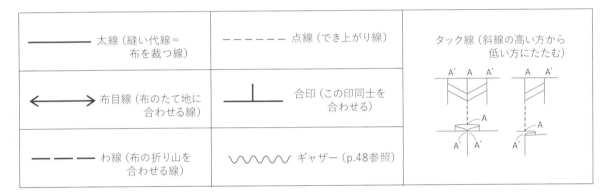

［実物大型紙の写し方］

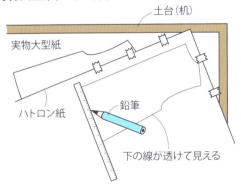

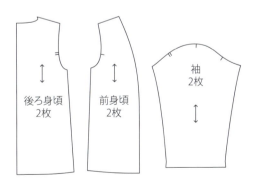

①実物大型紙の上にハトロン紙（p.41参照）を重ね、マスキングテープでとめたり、重しを置いたりして固定し、使用する型紙を別々に鉛筆で写します。型紙に書いてある布目線や合印、タックやポケット位置などもすべて写し、パーツ名と必要枚数も書いておきます。

②紙用のはさみで、①で写し取った線（縫い代線）をカットしたら、縫い代つき型紙の完成です。作り方ページの裁ち方図を参照して、型紙がすべて揃っているか確認しましょう。

STEP.5 布を裁断する

[裁断前の注意点]
傷みや汚れのある部分を避けたり、柄合わせをしたり、型紙の使用するサイズによっても、裁ち方図の通りに裁てない場合があります。裁ち方図は参考であり、型紙が入るサイズに布を継ぎ足すことができれば、元の着物のどの部分を使用してもOKです。

「身頃」と「袖」は36cm幅、「おくみ」と「衿」はその半分の18cm幅ですので、どのパーツでどの型紙をとるのか、足りない部分には、どのパーツを継ぎ足すのか、必ず裁断する前に布の上に型紙を置き、すべての型紙が入るかどうか確認しましょう。

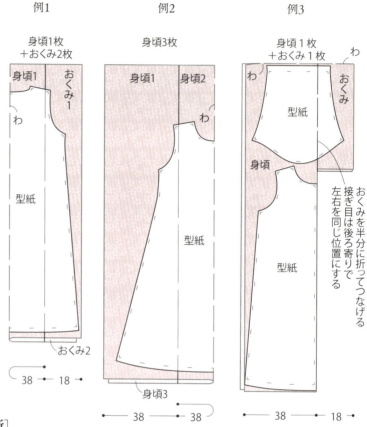

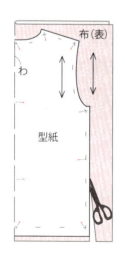

[裁断]
縫い代つきの型紙を布の表面に置き、型紙の布目線と布のたて地を合わせ、まち針で固定してから裁断します。型紙に"わ"の記号がついている線は、右図のように布の折り山に合わせます。

[印つけ]
布を裁断したら、型紙をはずす前に、合印や前・後ろ中心にチャコペンで印をつけるか、はさみでノッチ(0.3cm程度の切り込み)を入れます。ポケットつけ位置の角は、型紙に目打ちで穴をあけ、その穴からチャコペンで点印をつけます。

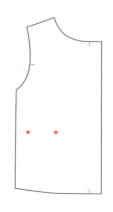

STEP.6 ミシンの準備をする

下の表を参考にして、布地に適したミシン糸とミシン針を使いましょう。また、布端をミシンの針板にある目盛りまたはテープに合わせて縫えば、でき上がり線を引かずに一定間隔で縫うことができます。

①糸をセットする

布		ミシン糸	ミシン針
薄地	兵児帯・絽・紗	ポリエステル糸 60番・90番	9番
普通地	紬・銘仙・小紋・縮緬・木綿	ポリエステル糸 60番	9・11番
厚地	ウール	ポリエステル糸 50番	11番

②ミシンに縫い代幅の印をつける

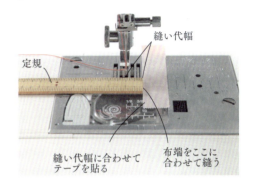

縫い方の基礎

<返し縫いについて>

縫い始めと縫い終わりは基本的に3針ほど返し縫いをします。

袖口や裾など一周縫うものは縫い始めと縫い終わりを1.5cmほど重ね縫いします。

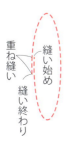

<布端の始末と縫い代の倒し方>

※布の耳を利用する場合はジグザグ始末は不要です。

中表に合わせて縫い、縫い代端を2枚一緒にジグザグミシンで始末します。

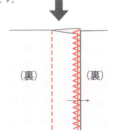

基本的に前後の場合は後ろ側に、左右の場合は左側に、一方方向に倒します。

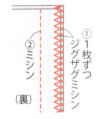

縫い代端を1枚ずつジグザグミシンで始末してから、中表に合わせて縫います。

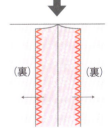

縫い代を両方向に開いて割ります。

＜裾や袖口の始末＞

二つ折り縫い

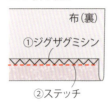

三つ折り縫い

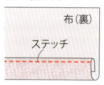

まつり縫い

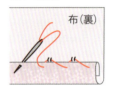

表に針目が目立たないように裏側を0.1〜0.2cmすくう

＜ギャザーの寄せ方＞

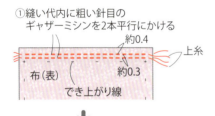

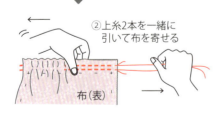

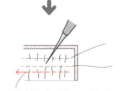

＜バイアステープの作り方＞

布目に対して45度の角度で細幅の布を裁ち、図のように縫い合わせます。衿ぐりや袖ぐりなど、曲線ラインの布端の処理には、よく伸びるバイアス布で始末することで、馴染みよくきれいに仕上げることができます。

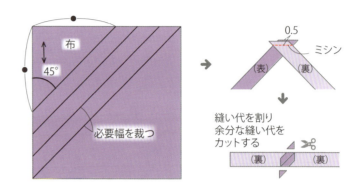

＜裏バイアス始末＞

本書では、作品E-1・2、作品G-1〜4の衿ぐり、作品Fの衿ぐりと袖ぐりをこの方法で始末しています。バイアス布をでき上がり線のラインで縫い代ごと裏側に折り返すので、表側からはステッチしか見えません。別布をアクセントに使ったり、市販のテープを使用してもOKです。

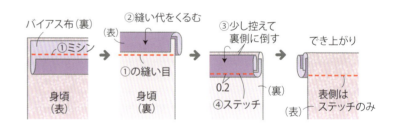

着物リメイク服のお手入れ方法

頻繁に洗いすぎると繊維が傷みやすいので、なるべく肌着やインナーを重ね着して、直接肌に触れないように着用しましょう。着用後は風通しのよいところに吊るして休ませ、部分的な汚れは水に濡らしたタオルでトントンとたたくようにして汚れを落とします。そして、ある程度着たら、クリーニングへ出すのが良いでしょう。

簡単なサイズ調整の仕方

ここでは初心者さん向けの簡単な型紙補正の仕方を2種類ご紹介します。
あまり大きく寸法を変えてしまうと、シルエットが崩れたり、イメージ通りに仕上がらない恐れがあります。
型紙を変更される場合は、必ず不要な布で試し縫いをしましょう。

＜型紙の身幅を簡単に補正する方法＞

着脱の問題やシルエットに影響しないよう、衿ぐりや袖ぐりは変更せずに、身幅だけで調整する簡単な方法です。前・後ろ身頃は同様に補正しましょう。前・後ろ身頃の半身の型紙をそれぞれ0.5cm変更すると、胸回りが合計2cm補正できることになります。本書のS・M・Lサイズの型紙は6cmピッチ（寸法差）となっていますので、その中間のサイズでお作りになりたい場合にお試しください。

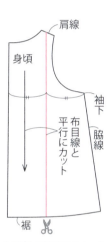

写し取った型紙の袖下のラインを横に二等分し、布目線と並行に肩から裾のラインで型紙を切り離して右図のように調整します。

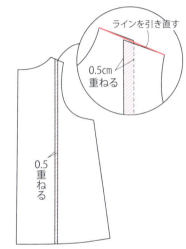

身幅を狭くしたい場合
切り離した型紙を0.5cm並行に重ねてのりで貼り合わせます。

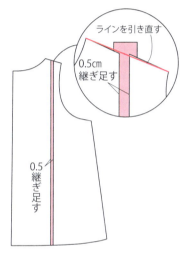

身幅を大きくしたい場合
切り離した型紙の間に紙を0.5cm継ぎ足してのりで貼り合わせます。

＜全体に少し詰める、または少し大きくする場合＞

通常と同様に布を裁ち、でき上がり線の0.1～0.3cm内側または外側を縫うことで、胸回りが0.4～1.2cm増減できます。

少し詰めたい場合
でき上がり線よりも0.1～0.3cm内側の平行のラインを縫います。衿ぐり部分はそのままのラインでもOKですが、詰めたい場合はでき上がり線より外側を縫いましょう。

少し大きくしたい場合
でき上がり線の外側0.1～0.3cm平行のラインを縫います。衿ぐり部分はそのままのラインでもOKですが、大きくしたい場合はでき上がり線より内側を縫います。

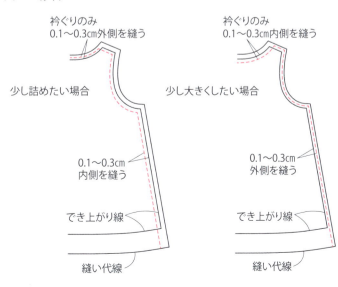

A シンプルタックスカート ● 写真 4ページ

[材料]
表布（色無地／身頃2枚、袖1枚、おくみ1枚）
ゴムテープ…1.5cm 幅×60〜80cm

[でき上がり寸法]
※左からS／M／Lサイズ
ウエスト　97／103／109cm
スカート丈　88.5cm

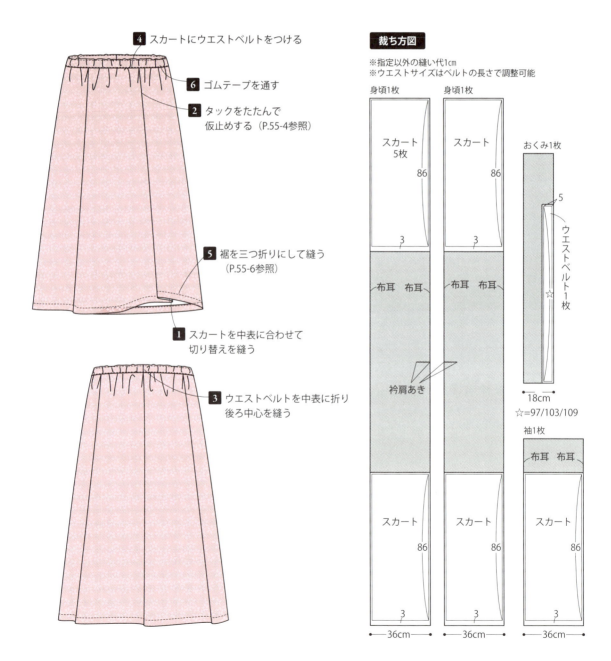

1 スカートを中表に合わせて切り替えを縫う

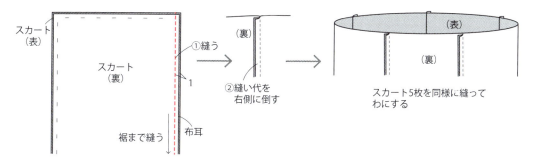

2 タックをたたんで仮止めする（P.55-4参照）

3 ウエストベルトを中表に折り後ろ中心を縫う

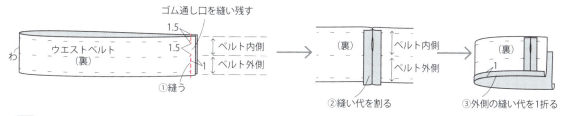

4 スカートにウエストベルトをつける

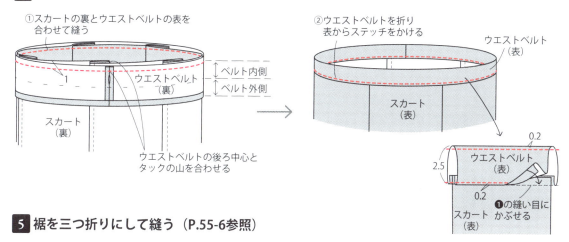

5 裾を三つ折りにして縫う（P.55-6参照）

6 ゴムテープを通す

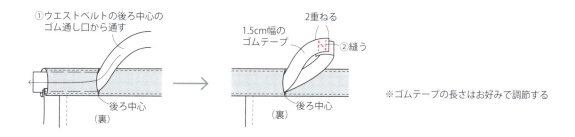

※ゴムテープの長さはお好みで調節する

B タックストレートスカート ● 写真 5ページ

[材料]
表布（紬／身頃1枚、袖1枚、おくみ1枚）
ゴムテープ…1.5cm 幅×60～80cm

[でき上がり寸法]
※左からS／M／Lサイズ
ウエスト　97／103／109cm
スカート丈（参考）　85.5cm

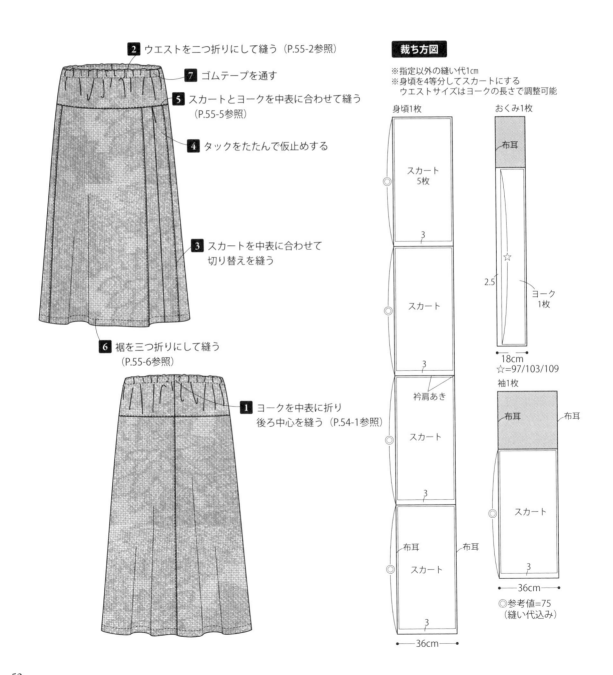

1 ヨークを中表に折り後ろ中心を縫う（P.54-1参照）

2 ウエストを二つ折りにして縫う（P.55-2参照）

3 スカートを中表に合わせて切り替えを縫う

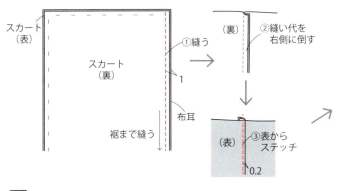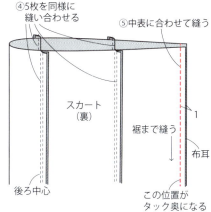

4 タックをたたんで仮止めする

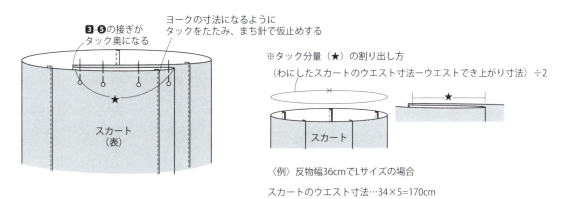

※タック分量（★）の割り出し方
（わにしたスカートのウエスト寸法－ウエストでき上がり寸法）÷2

〈例〉反物幅36cmでLサイズの場合

スカートのウエスト寸法…34×5=170cm

タック分量（★）…（170-109）÷2=30.5cm

5 スカートとヨークを中表に合わせて縫う（P.55-5参照 ※後ろ中心同士を合わせる）

6 裾を三つ折りにして縫う（P.55-6参照）

7 ゴムテープを通す

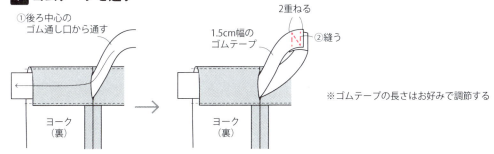

※ゴムテープの長さはお好みで調節する

C ヨーク切り替えスカート ● 写真6ページ

[材料]
表布（銘仙／身頃1枚、袖1枚、おくみ1枚）
ゴムテープ…1.5cm幅×60〜80cm

[でき上がり寸法]
※左からS／M／Lサイズ
ウエスト　97／103／109cm
スカート丈（参考）　85.5cm

裁ち方図
※P.52　Bタックストレートスカートと同様

1 ヨークを中表に折り後ろ中心を縫う

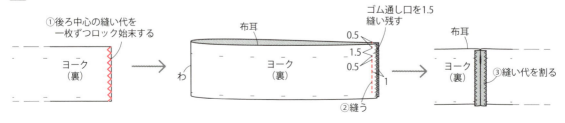

2 ウエストを二つ折りにして縫う

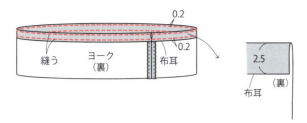

3 スカートを中表に合わせて切り替えを縫う（P.51-1参照）

4 タックをたたんで仮止めする

5 スカートとヨークを中表に合わせて縫う

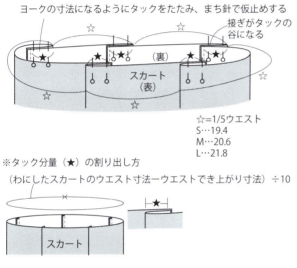

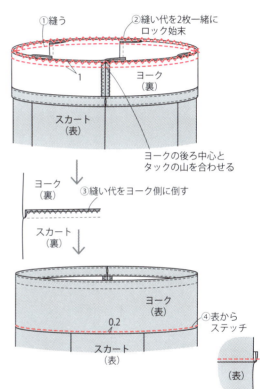

☆=1/5ウエスト
S…19.4
M…20.6
L…21.8

※タック分量（★）の割り出し方
（わにしたスカートのウエスト寸法−ウエストでき上がり寸法）÷10

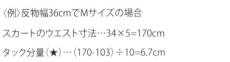

〈例〉反物幅36cmでMサイズの場合
スカートのウエスト寸法…34×5=170cm
タック分量（★）…（170-103）÷10=6.7cm

6 裾を三つ折りにして縫う

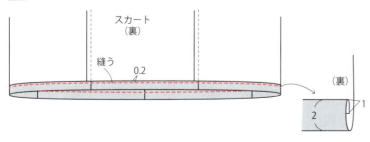

7 ゴムテープを通す（P.53-7参照）

55

D-1 シンプルパンツ（ポケットつき・アンクル丈） ● 写真8ページ／型紙B面

[材料]
表布（藍大島紬／身頃2枚、おくみ1枚）
ゴムテープ…1.5cm幅×60～80cm

[でき上がり寸法]
※左からS／M／Lサイズ
ウエスト　92.5／98.5／104.5cm
パンツ脇丈　92／93／94cm

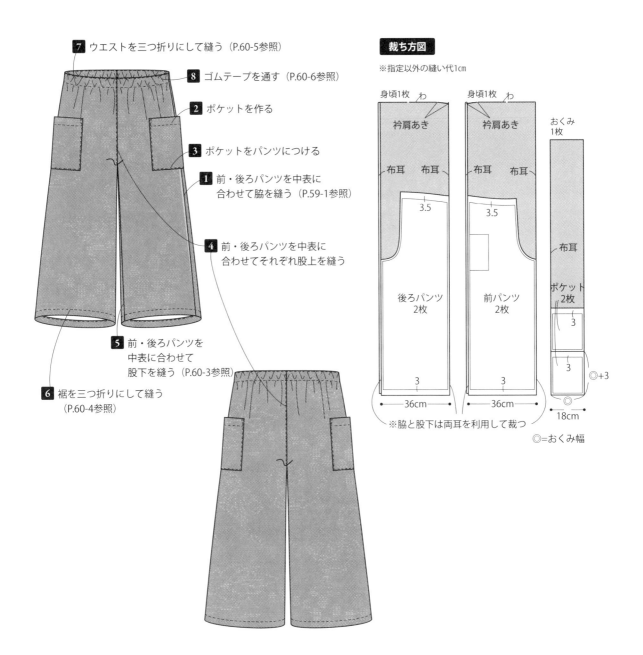

1 前・後ろパンツを中表に合わせて脇を縫う（P.59-1参照）

2 ポケットを作る

3 ポケットをパンツにつける

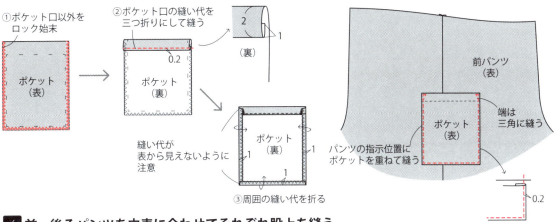

4 前・後ろパンツを中表に合わせてそれぞれ股上を縫う

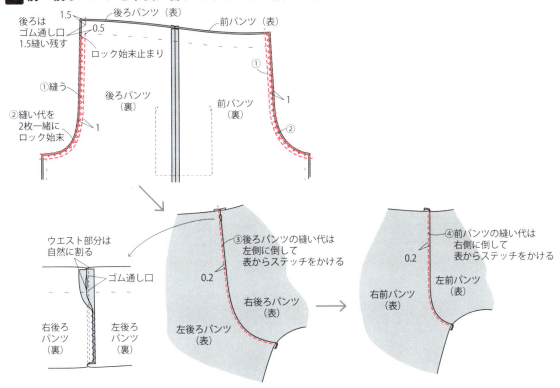

5 前・後ろパンツを中表に合わせて股下を縫う（P.60-3参照）

6 裾を三つ折りにして縫う（P.60-4参照）

7 ウエストを三つ折りにして縫う（P.60-5参照）

8 ゴムテープを通す（P.60-6参照）

D-2 シンプルパンツ（脇接ぎなし・フルレングス） ● 写真 10ページ／型紙 B面

[材料]
表布（兵児帯1枚）
※洗濯後アイロンで伸ばした状態で約78cm 幅×570cm）
ゴムテープ…1.5cm 幅×60〜80cm

[でき上がり寸法]
※左からS／M／Lサイズ
ウエスト　92.5／98.5／104.5cm
パンツ脇丈　98／99／100cm

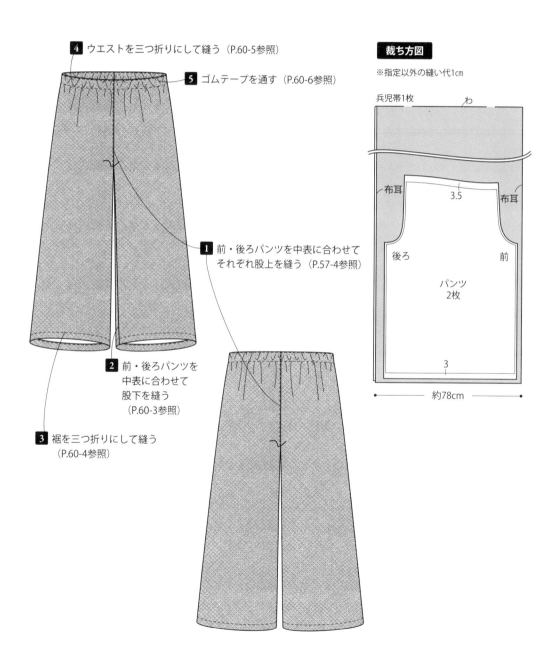

D-3 シンプルパンツ（ポケットなし・クロップド丈） ● 写真12ページ／型紙 B面

[材料]
表布（白大島紬／身頃2枚）
ゴムテープ…1.5cm 幅×60～80cm

[でき上がり寸法]
※左からS／M／Lサイズ
ウエスト　92.5／98.5／104.5cm
パンツ脇丈　87／88／89cm

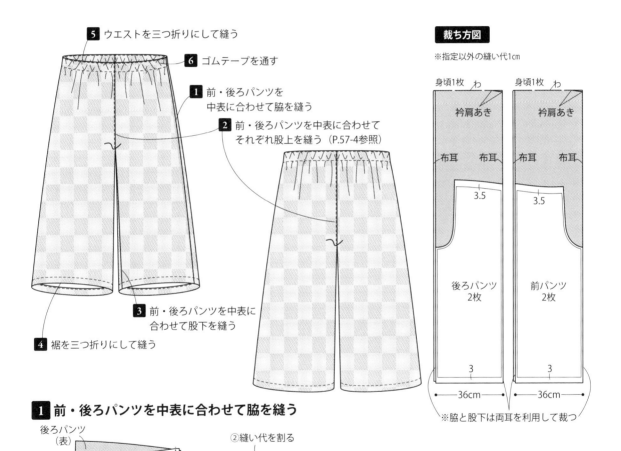

2 前・後ろパンツを中表に合わせてそれぞれ股上を縫う（P.57-4参照）

3 前・後ろパンツを中表に合わせて股下を縫う

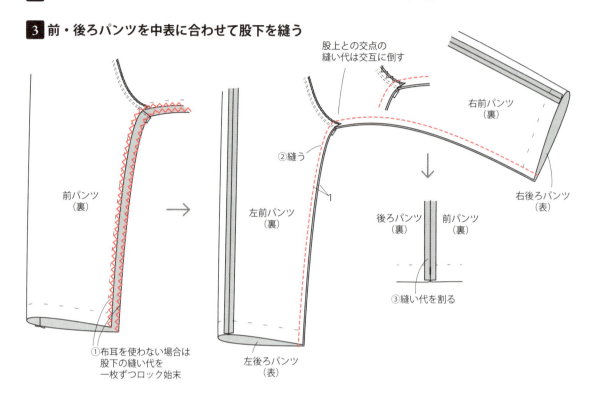

4 裾を三つ折りにして縫う　　**5** ウエストを三つ折りにして縫う

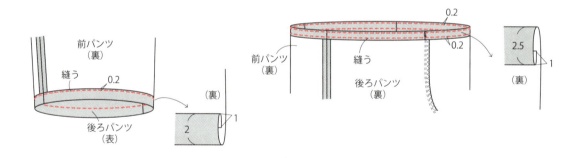

6 ゴムテープを通す

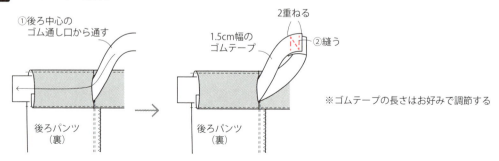

※ゴムテープの長さはお好みで調節する

E-1 フレンチスリーブブラウス ● 写真 14〜17ページ／型紙 A面

[材料]
表布（P.14白大島紬、P.16・17浴衣地／身頃2枚）

[でき上がり寸法]
※左からS／M／Lサイズ
バスト　100／106／112cm
着丈（後ろ中心）　74／74／74cm
裄丈　31.5／32.2／33cm

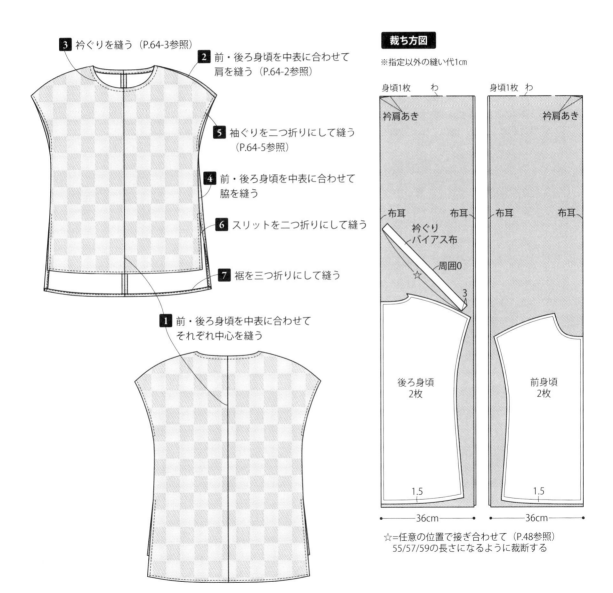

☆=任意の位置で接ぎ合わせて（P.48参照）
55/57/59の長さになるように裁断する

1 前・後ろ身頃を中表に合わせてそれぞれ中心を縫う

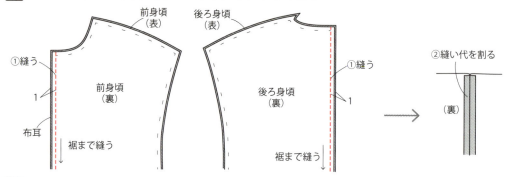

2 前・後ろ身頃を中表に合わせて肩を縫う（P.64-2参照）

3 衿ぐりを縫う（P.64-3参照）

4 前・後ろ身頃を中表に合わせて脇を縫う

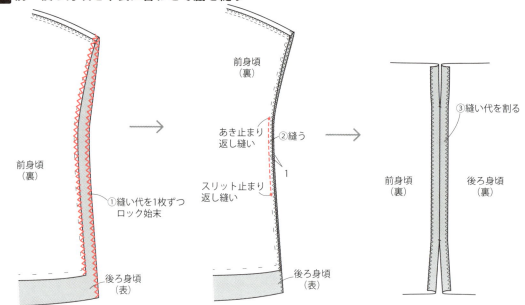

5 袖ぐりを二つ折りにして縫う（P.64-5参照）

6 スリットを二つ折りにして縫う

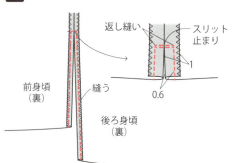

7 裾を三つ折りにして縫う

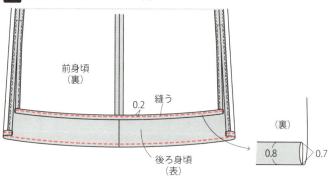

E-2 フレンチスリーブワンピース ● 写真18ページ／型紙 A面

[材料]
表布（銘仙／身頃2枚）

[でき上がり寸法]
※左からS／M／Lサイズ
バスト　100／106／112cm
着丈（後ろ中心）　102／102／102cm
裄丈　31.5／32.2／33cm

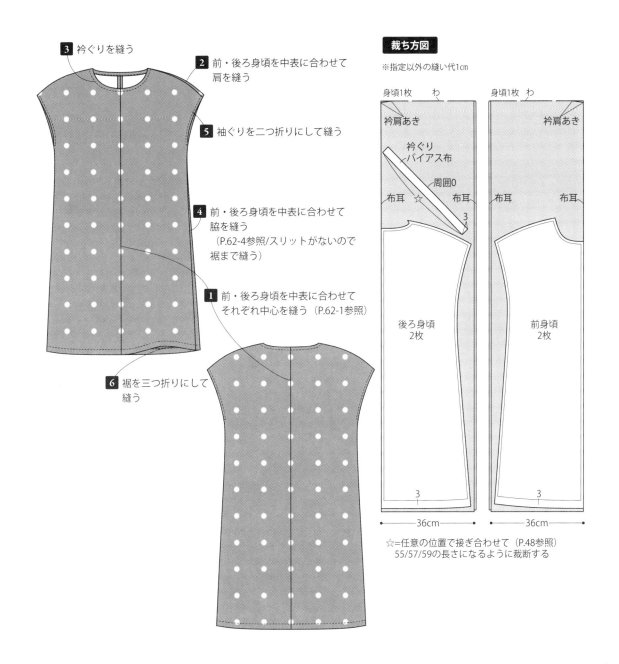

1 前・後ろ身頃を中表に合わせてそれぞれ中心を縫う（P.62-1参照）

2 前・後ろ身頃を中表に合わせて肩を縫う

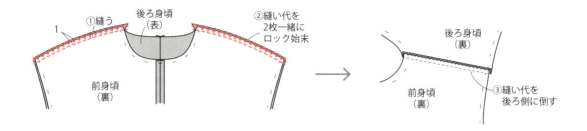

3 衿ぐりを縫う

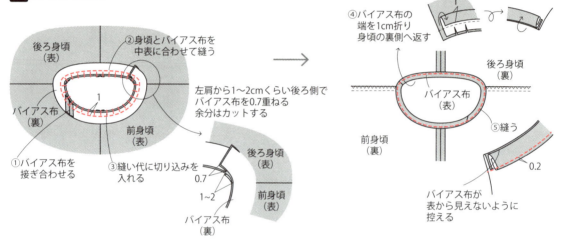

4 前・後ろ身頃を中表に合わせて脇を縫う（P.62-4参照／スリットがないので裾まで縫う）

5 袖ぐりを二つ折りにして縫う　　**6** 裾を三つ折りにして縫う

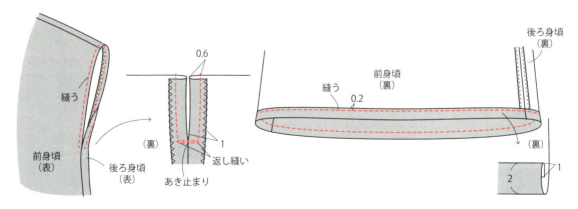

F ノースリーブワンピース ● 写真 20〜25ページ／型紙 A面

[材料]
表布（P20・21紬、P22・24銘仙／身頃4枚、おくみ2枚）
※身頃は着物2枚分

[でき上がり寸法]
※左からＳ／Ｍ／Ｌサイズ
バスト　96／102／108cm
着丈（後ろ中心）　115／115／115cm
肩幅　36／37.5／39cm

1 ポケットを作る

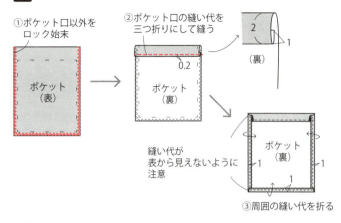

2 ポケットを前身頃につける

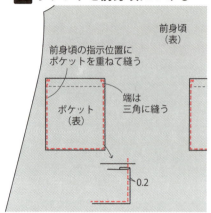

3 前・後ろ身頃を中表に合わせて肩を縫う（P.64-2参照）

4 衿ぐりを縫う（P.64-3参照）

5 前・後ろ身頃を中表に合わせて脇を縫う（P.75-6参照）

6 袖ぐりを縫う

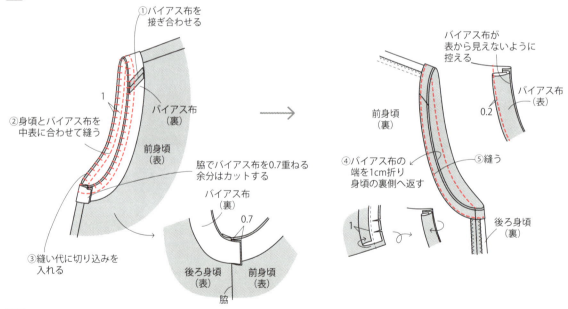

7 裾を三つ折りにして縫う

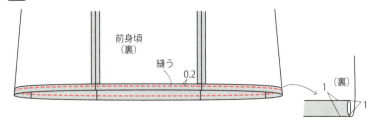

G-1 シンプルワンピース（長袖） ● 写真 26ページ／型紙 B面

［材料］
表布（大島紬／身頃2枚、袖2枚、おくみ2枚）

［でき上がり寸法］
※左からS／M／Lサイズ
バスト　104／110／116cm
着丈（後ろ中心）　105／105／105cm
肩幅　36.5／38／39.5cm
袖丈　57／57／57cm

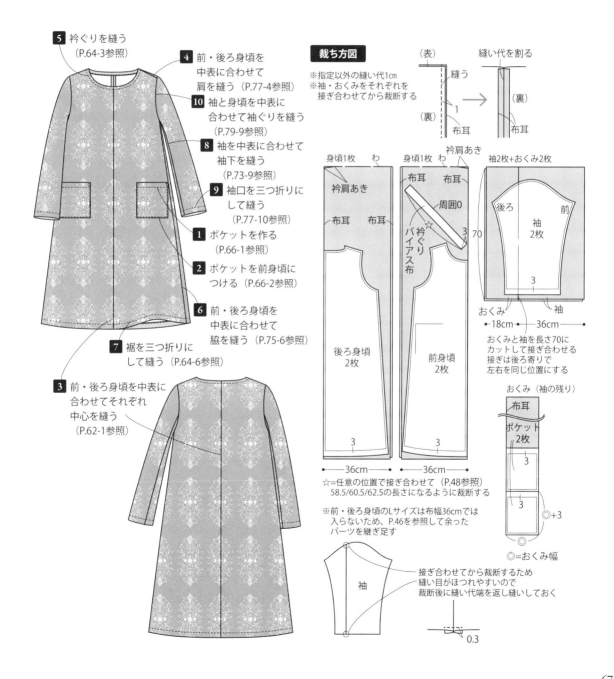

G-2 シンプルワンピース（七分袖・裾布アレンジ） ● 写真 28ページ／型紙 B面

[材料]
表布（紬／身頃1枚、袖2枚、おくみ2枚）

[でき上がり寸法]
バスト　　　104／110／116cm
着丈（後ろ中心）　110／110／110cm
肩幅　　　36.5／38／39.5cm
袖丈　　　47／47／47cm

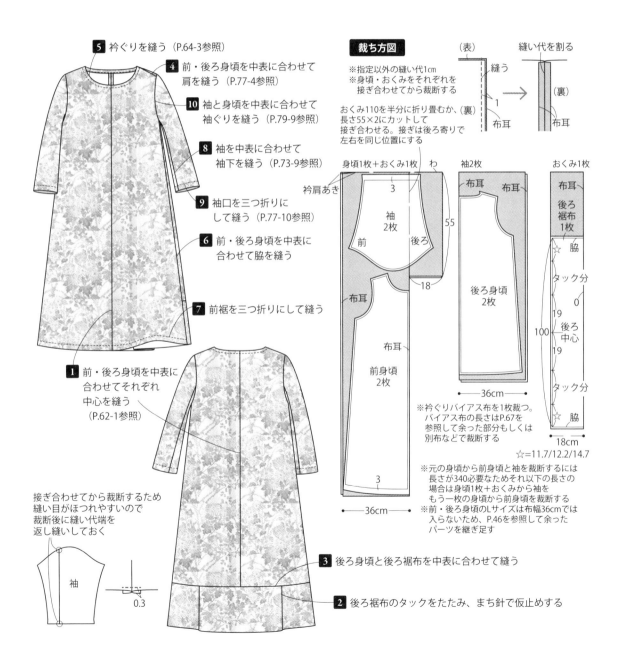

1 前・後ろ身頃を中表に合わせてそれぞれ中心を縫う（P.62-1参照）

2 後ろ裾布のタックをたたみ、まち針で仮止めする

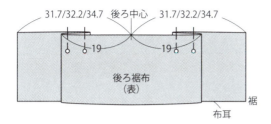

3 後ろ身頃と後ろ裾布を中表に合わせて縫う

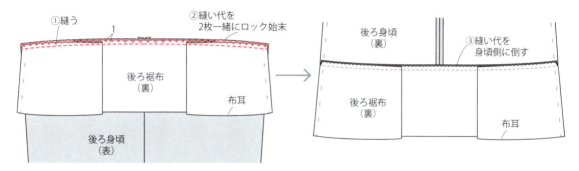

4 前・後ろ身頃を中表に合わせて肩を縫う（P.77-4参照）

5 衿ぐりを縫う（P.64-3参照）

6 前・後ろ身頃を中表に合わせて脇を縫う　　**7** 前裾を三つ折りにして縫う

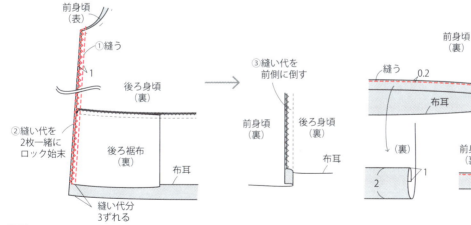

8 袖を中表に合わせて袖下を縫う（P.73-9参照）

9 袖口を三つ折りにして縫う（P.77-10参照）

10 袖と身頃を中表に合わせて袖ぐりを縫う（P.79-9参照）

G-3 バルーン袖ブラウス ● 写真 30ページ／型紙 B面

[材料]
表布（白大島紬／身頃1枚、袖2枚、おくみ2枚）

[でき上がり寸法]
※左からS／M／Lサイズ
バスト　　　　　104／110／116cm
着丈（後ろ中心）　67／67／67cm
肩幅　　　　　　36.5／38／39.5cm
袖丈　　　　　　46／46／46cm

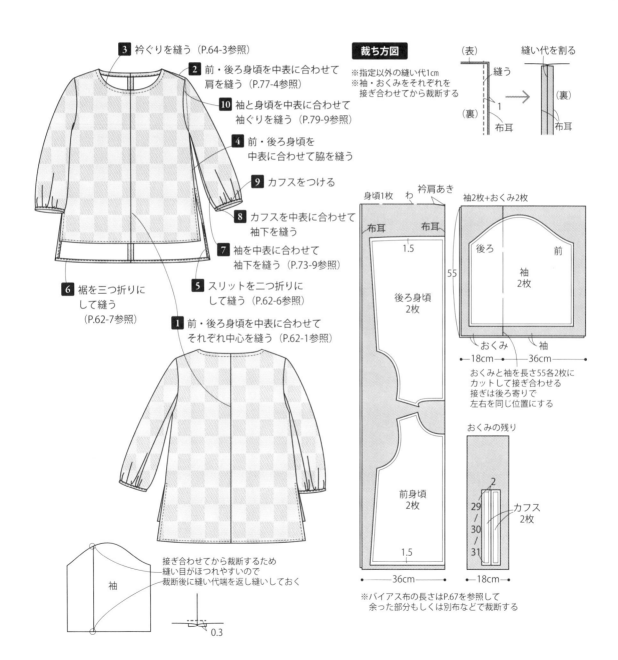

1. 前・後ろ身頃を中表に合わせてそれぞれ中心を縫う（P.62-1参照）

2. 前・後ろ身頃を中表に合わせて肩を縫う（P.77-4参照）

3. 衿ぐりを縫う（P.64-3参照）

4. 前・後ろ身頃を中表に合わせて脇を縫う

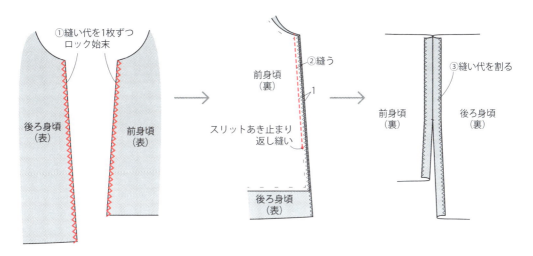

5. スリットを二つ折りにして縫う（P.62-6参照）

6. 裾を三つ折りにして縫う（P.62-7参照）

7. 袖を中表に合わせて袖下を縫う（P.73-9参照）

8. カフスを中表に合わせて袖下を縫う

9. カフスをつける

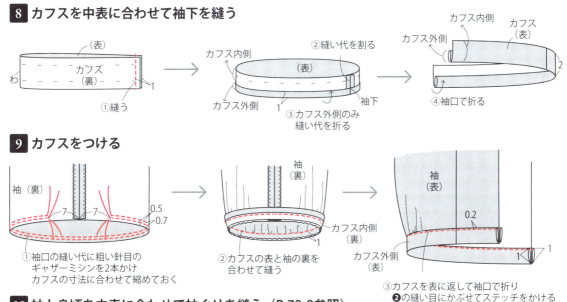

10. 袖と身頃を中表に合わせて袖ぐりを縫う（P.79-9参照）

71

G-4 ヨーク切り替えブラウス（五分袖） ● 写真 32ページ／型紙 B面

[材料]
表布（訪問着／ P.76の身頃と衿の残り、袖2枚、掛け衿1枚）

[でき上がり寸法]
※左からS／M／Lサイズ
バスト　104／110／116cm
着丈（後ろ中心）　63.5／63.5／63.5cm
肩幅　36.5／38／39.5cm
袖丈　40.5／40.5／40.5cm

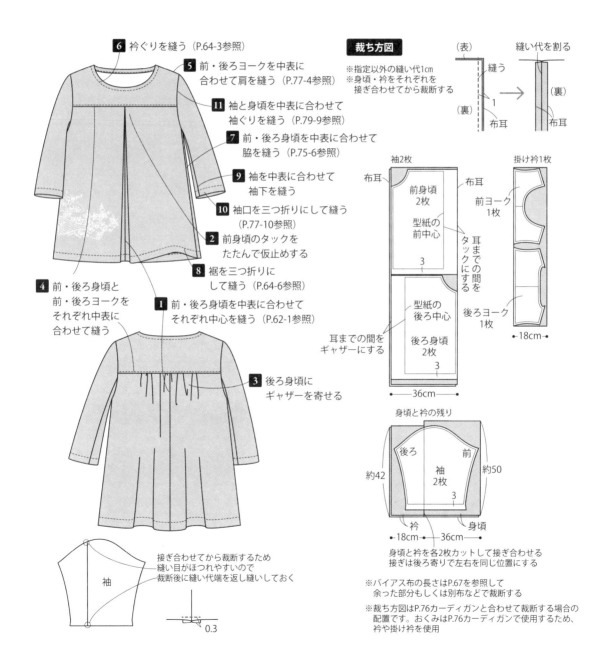

1 前・後ろ身頃を中表に合わせてそれぞれ中心を縫う（P.62-1参照）

2 前身頃のタックをたたんで仮止めする

3 後ろ身頃にギャザーを寄せる

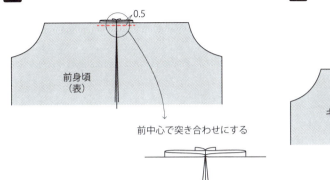
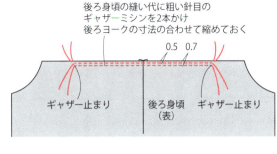

4 前・後ろ身頃と前・後ろヨークをそれぞれ中表に合わせて縫う

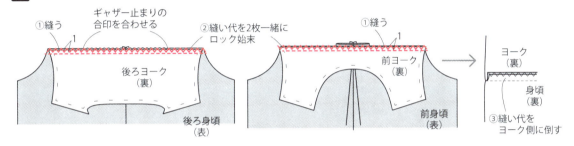

5 前・後ろヨークを中表に合わせて肩を縫う（P.77-4参照）

6 衿ぐりを縫う（P.64-3参照）

7 前・後ろ身頃を中表に合わせて脇を縫う（P.75-6参照／縫い代始末は不要）

8 裾を三つ折りにして縫う（P.64-6参照）

9 袖を中表に合わせて袖下を縫う

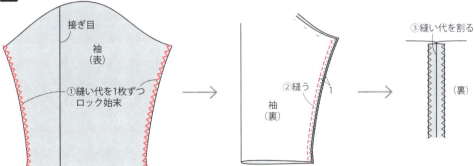

10 袖口を三つ折りにして縫う（P.77-10参照）

11 袖と身頃を中表に合わせて袖ぐりを縫う（P.79-9参照）

H-1 カーディガン（レギュラー丈） ● 写真 12～15ページ／型紙 A面

[材料]
表布（白大島紬／身頃1枚、袖2枚、おくみ2枚、衿1枚）

[でき上がり寸法]
※左からS／M／Lサイズ
バスト　94／100／106cm
着丈（後ろ中心）75.5／75.5／75.5cm
肩幅　40.5／42／43.5cm
袖丈　60／60／60cm

1 ポケットを作る（P.66-1参照）

2 ポケットを前身頃につける（P.66-2参照）

3 後ろ身頃を中表に合わせて後ろ中心を縫う（P.62-1参照）

4 前・後ろ身頃を中表に合わせて肩を縫う（P.77-4参照）

5 衿と身頃を中表に合わせて衿ぐりを縫う

6 前・後ろ身頃を中表に合わせて脇を縫う

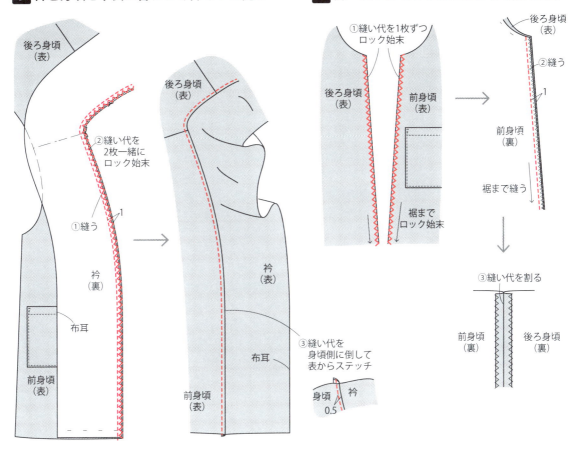

7 裾を三つ折りにして縫う（P.77-8参照）

8 袖を中表に合わせて袖下を縫う（P.73-9参照）

9 袖口を三つ折りにして縫う（P.77-10参照）

10 袖と身頃を中表に合わせて袖ぐりを縫う（P.79-9参照）

H-2 カーディガン（ロング丈） ● 写真 34ページ／型紙 A面

[材料]
表布（訪問着／身頃2枚、おくみ2枚、衿1枚）

[でき上がり寸法]
※左からS／M／Lサイズ
バスト　94／100／106cm
着丈（後ろ中心）　89／89／89cm
肩幅　40.5／42／43.5cm
袖丈　60／60／60cm

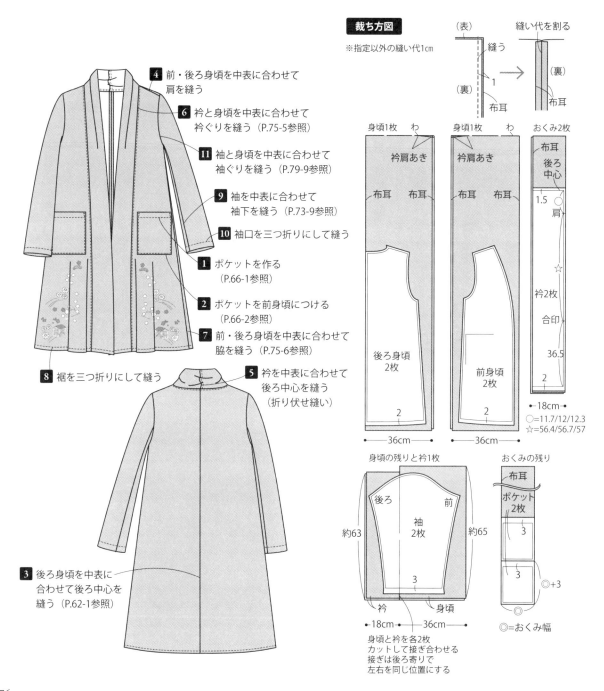

■1 ポケットを作る（P.66-1参照）

■2 ポケットを前身頃につける（P.66-2参照）

■3 後ろ身頃を中表に合わせて後ろ中心を縫う（P.62-1参照）

■4 前・後ろ身頃を中表に合わせて肩を縫う

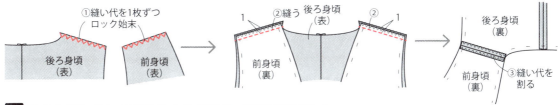

■5 衿を中表に合わせて後ろ中心を縫う（折り伏せ縫い）

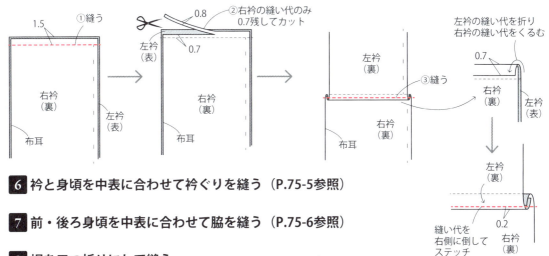

■6 衿と身頃を中表に合わせて衿ぐりを縫う（P.75-5参照）

■7 前・後ろ身頃を中表に合わせて脇を縫う（P.75-6参照）

■8 裾を三つ折りにして縫う

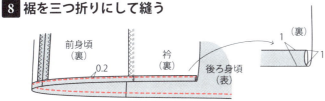

■9 袖を中表に合わせて袖下を縫う（P.73-9参照）

■10 袖口を三つ折りにして縫う

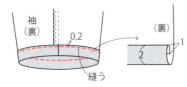

■11 袖と身頃を中表に合わせて袖ぐりを縫う（P.79-9参照）

77

I ハイネックワンピース ● 写真 37ページ／型紙 B面

[材料]
表布（兵児帯1枚）
※洗濯後アイロンで伸ばした状態で約78cm 幅×570cm

[でき上がり寸法]
※左からS／M／Lサイズ
バスト　104／110／116cm
着丈（後ろ中心）　110／110／110cm
肩幅　36.5／38／39.5cm
袖丈　57／57／57cm

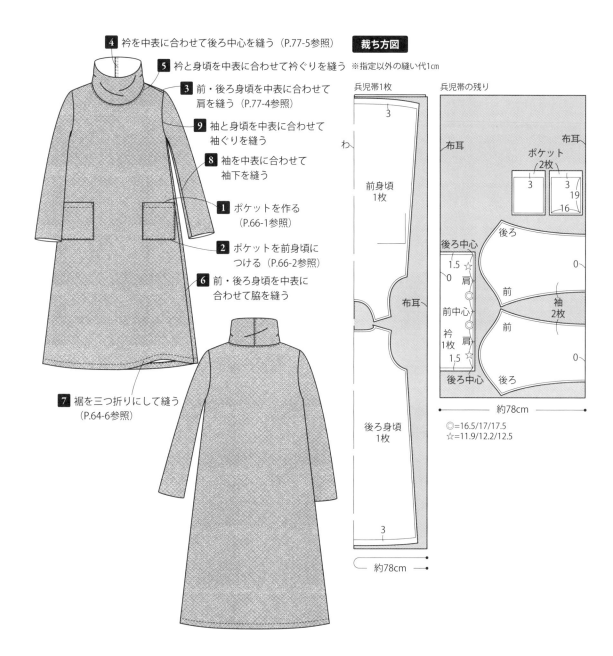

1. ポケットを作る（P.66-1参照）
2. ポケットを前身頃につける（P.66-2参照）
3. 前・後ろ身頃を中表に合わせて肩を縫う（P.77-4参照）
4. 衿を中表に合わせて後ろ中心を縫う（P.77-5参照）
5. 衿と身頃を中表に合わせて衿ぐりを縫う
6. 前・後ろ身頃を中表に合わせて脇を縫う
7. 裾を三つ折りにして縫う（P.64-6参照）
8. 袖を中表に合わせて袖下を縫う
9. 袖と身頃を中表に合わせて袖ぐりを縫う

裁ち方図　※指定以外の縫い代1cm

◎＝16.5/17/17.5
☆＝11.9/12.2/12.5

1 ポケットを作る（P.66-1参照）

2 ポケットを前身頃につける（P.66-2参照）

3 前・後ろ身頃を中表に合わせて肩を縫う（P.77-4参照）

4 衿を中表に合わせて後ろ中心を縫う（P.77-5参照 ※衿は1枚で筒状に縫う）

5 衿と身頃を中表に合わせて衿ぐりを縫う

6 前・後ろ身頃を中表に合わせて脇を縫う

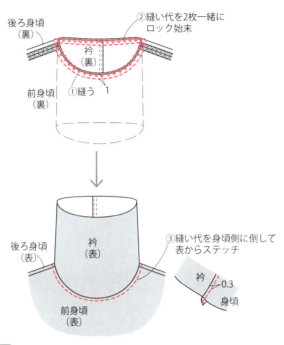
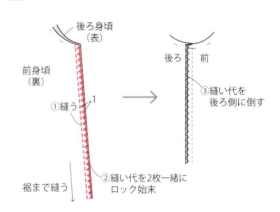

7 裾を三つ折りにして縫う（P.64-6参照）

8 袖を中表に合わせて袖下を縫う

9 袖と身頃を中表に合わせて袖ぐりを縫う

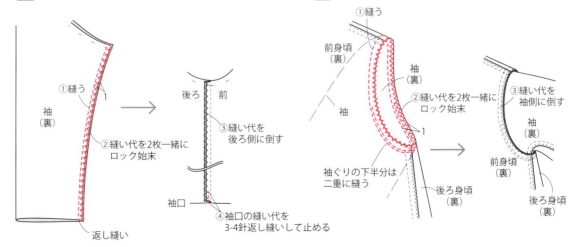

EMI工房　エミ

元家庭科教師でハンドメイド好きの母に影響を受け、幼い頃から編み物や布小物等のハンドメイドを嗜む。
リネンやウールの洋服制作の延長線で着物リメイクを始め、
日常に取り入れやすく、お手入れし易く、着心地の良い着物リメイク品を提供したいと思い、研鑽を重ね中。

［スタッフ］
ブックデザイン／寺山文恵
撮影／白井由香里　本間伸彦（物撮り）
スタイリング／荻津えみこ
ヘア＆メイク／AKI
モデル／菜木のり子（164cm）
作り方解説／丸山千恵（スタジオシルエット）
作り方・型紙レイアウト／八文字則子
校閲／今 寿子
編集担当／佐伯瑞代

その着物、捨てないで
まだまだ使えます
お気らくお手がる着物リメイク

発行日／2024年9月1日　第1刷
　　　　2025年6月20日　第4刷
著者／EMI工房 エミ
発行人／瀬戸信昭
編集人／佐伯瑞代
発行所／株式会社日本ヴォーグ社
〒164-8705東京都中野区弥生町5-6-11
TEL.03-3383-0635（編集）
出版受注センター／TEL.03-3383-0650
　　　　　　　　　FAX.03-3383-0680
印刷所／株式会社シナノ
Printed in Japan　©Emi koubou EMI 2024
ISBN978-4-529-06420-0

手づくりに関する情報を発信中
日本ヴォーグ社 公式サイト

ショッピングを楽しむ
手づくりタウン

ハンドメイドのオンラインレッスン
CRAFTiNG
初回送料無料のお得なクーポンが使えます！詳しくはWebへ

［撮影協力］
● **ATRENA**　Tel.0120-554-810
帽子…p.4、p.24・25、p .32・33
●**アビステ**　Tel.03-3401-7124
イヤーカフ…p.30・31、ブレスレット…p.14・15、p.18・19
●**グローブスペックス エージェント**　Tel.03-5459-8326
●**グローブスペックス ストア**　Tel.03-5459-8377
メガネ…p.8・9
●**クープ・ドゥ・シャンピニオン（ANTIPAST）**　Tel.03-6415-5067
カーディガン…p.6・7、レギンス…p.21、スカート…p.32・33
● **ciika**　Tel.03-6450-5554
ブレスレット…p.4、p.16、p.21、p.24・25、リング…p.10・11、p.30・31、ピアス…p.5、p.6・7、p.8・9、p.10・11、p.18・19、p.26・27、p.28・29、p.37、ネックレス…p.12・13、p.30・31、イヤーカフ…p.28・29
● **NAOT JAPAN**　Tel.0742-93-7786
靴…p.4、p.14・15、p.18・19、p.26・27、p.28・29、p.32・33、p.37
●**マーク アンド プラス**　Tel.03-3406-6662
(100% a hundred percent)
カットソー…p.8・9、シャツ…p10・11、ブラウス…p.4、p.12・13、スカート…p.16
(+2 100% a hundred percent)
スカート…p.37
● **moumoune**　Tel.078-652-4301
靴…p.5、p.6・7、p.8・9、p.10・11、p.12・13、p.21、p.22・23、p.24・25、p.34・35
●**ヨーガンレール**　Tel.03-3820-8805
ニット…p.5、ネックレス…p.21、p.14・15、パンツ…p.14・15、p.26・27

 ＜出版者著作権管理機構 委託出版物＞
本書（誌）の無断複製は著作権法上での例外を除き禁じられています。複製される場合は、そのつど事前に、出版社著作権管理機構（電話03-5244-5088、FAX03-5244-5089、e-mail:info@jcopy.or.jp）の許諾を得てください。

万一、乱丁本、落丁本がありましたら、お取替えいたします。お買い求めの書店か小社出版受注センターへご連絡ください。

あなたに感謝しております We are grateful.
手づくりの大好きなあなたが、
この本をお選びくださいましてありがとうございます。
内容はいかがでしたでしょうか？
本書が少しでもお役に立てば、こんなにうれしいことはありません。
日本ヴォーグ社では、手づくりを愛する方とのおつき合いを大切にし、
ご要望におこたえする商品、サービスの実現を常に目標としています。
小社及び出版物について、何かお気付きの点やご意見がございましたら、
何なりとお申し出ください。
そういうあなたに、私共は常に感謝しております。
　　　　　　　　　　株式会社日本ヴォーグ社社長　瀬戸信昭
　　　　　　　　　　　　　　　　　FAX 03-3383-0602